मिर्ज़ा [illegible]

भारतीय साहित्य की एक [illegible]

जन्म (२७, दिसम्बर, १७९७ [illegible] फ़रवरी, १८६९) दिल्ली में।

उर्दू और फ़ारसी, दोनों भाषाओं के अज़ीम शाइर और गद्यकार। सन् १८५७ के इंक़िलाब पर 'दस्तंबू' शीर्षक एक यादगार इतिहासिक पुस्तक लिखी। उर्दू और फ़ारसी में लिखे गए ग़ालिब के असंख्य पत्र, दोनों भाषाओं के साहित्य में उत्कृष्ट दर्जा रखते हैं।

सन् १८१६ में ग़ालिब के अपने हाथ से लिखी हुई एक बयाज़ (जिसे 'नुस्ख़ा-ए-भोपाल' कहा जाता है) से पता चलता है कि 'दीवान-ए-ग़ालिब' (उर्दू) में संकलित अधिकतर ग़ज़लें वे १९ वर्ष की उम्र तक लिख चुके थे इसके बाद वो ज़्यादातर फ़ारसी में लिख़ते रहे।

ग़ालिब ने फ़ारसी में कुल ग्यारह मस्नवियाँ लिखीं। 'चिराग़-ए-दैर' उनकी तीसरी मस्नवी है। यह बनारस पर लिखी गई कविताओं में श्रेष्ठतम कही जाती है। इसकी एक विशेषता यह भी है कि ईरान, अफ़ग़ानिस्तान और ताजुबेकिस्तानवासियों को पावन-पुनीत बनारस नगरी की अहमियत और हिन्दुस्तान की अज़मत से परिचित करानेवाली प्रथम और अप्रतिम रचना है।

सादिक़

जन्म : १० अप्रैल, १९४३ (उज्जैन)

आरम्भ से ही उर्दू और हिन्दी भाषाओं में लेखन। कवि, समीक्षक, अनुवादक और चित्रकार। भारतीय भाषाओं और उनके साहित्य में विशेष रुचि और अध्ययन।

उर्दू में शायरी के पाँच और हिन्दी में चार संकलन प्रकाशित। आलोचना और शोध पुस्तकों के अलावा नई मराठी शायरी, नई हिन्दी शायरी और मालवे की लोककथाएँ विशेष तौर पर उल्लेखनीय।

उम्र का बड़ा हिस्सा अध्यापन में गुज़ारा। दिल्ली विश्वविद्यालय में उर्दू विभाग के अध्यक्ष पद से निवृत्ति के बाद स्वतन्त्र लेखन। आजकल अमीर ख़ुसरौ और 'ख़ालिक़ बारी' पर काम जारी।

चिराग़–ए–दैर

बनारस पर केन्द्रित कविताएँ

मूल फ़ारसी

मिर्ज़ा ग़ालिब

हिन्दी अनुवाद

सादिक़

राजकमल प्रकाशन

रज़ा पुस्तक माला : कविता
प्रधान सम्पादक : अशोक वाजपेयी | सम्पादक : पीयूष दईया
राजकमल प्रकाशन प्रा.लि. और रज़ा फ़ाउण्डेशन का सह-प्रकाशन

ISBN : 978-93-89598-80-3

मूल्य : ₹ 199

पहला संस्करण : 2020
दूसरा संस्करण : 2025

प्रकाशक : राजकमल प्रकाशन प्रा.लि.
1-बी, नेताजी सुभाष मार्ग, दरियागंज
नई दिल्ली-110 002
शाखाएँ : अशोक राजपथ, साइंस कॉलेज के सामने, पटना-800 006
पहली मंजिल, दरबारी बिल्डिंग, महात्मा गांधी मार्ग, प्रयागराज-211 001
1, अनमोल सोराबजी सन्तुक लेन, धोबी तलाव, मरीन लाइंस, मुम्बई-400 002
वेबसाइट : www.rajkamalprakashan.com
ई-मेल : info@rajkamalprakashan.com

मुद्रक : विकास कंप्यूटर एंड प्रिंटर्स
ट्रानिका सिटी-201 102
द्वारा मुद्रित

CHIRAG-E-DAIR
(Poems) by Mirza Ghalib
Translated by Sadique

आमुख

कलाओं में भारतीय आधुनिकता के एक मूर्धन्य सैयद हैदर रज़ा एक अथक और अनोखे चित्रकार तो थे ही उनकी अन्य कलाओं में भी गहरी दिलचस्पी थी। विशेषतः कविता और विचार में। वे हिन्दी को अपनी मातृभाषा मानते थे और हालाँकि उनका फ्रेंच और अँग्रेज़ी का ज्ञान और उन पर अधिकार गहरा था, वे, फ्रांस में साठ वर्ष बिताने के बाद भी, हिन्दी में रमे रहे। यह आकस्मिक नहीं है कि अपने कला-जीवन के उत्तरार्द्ध में उनके सभी चित्रों के शीर्षक हिन्दी में होते थे। वे संसार के श्रेष्ठ चित्रकारों में, २०-२१वीं सदियों में, शायद अकेले हैं जिन्होंने अपने सौ से अधिक चित्रों में देवनागरी में संस्कृत, हिन्दी और उर्दू कविता में पंक्तियाँ अंकित कीं। बरसों तक मैं जब उनके साथ कुछ समय पेरिस में बिताने जाता था तो उनके इसरार पर अपने साथ नवप्रकाशित हिन्दी कविता की पुस्तकें ले जाता था : उनके पुस्तक-संग्रह में, जो अब दिल्ली स्थित रज़ा अभिलेखागार का एक हिस्सा है, हिन्दी कविता का एक बड़ा संग्रह शामिल था।

रज़ा की एक चिन्ता यह भी थी कि हिन्दी में कई विषयों में अच्छी पुस्तकों की कमी है। विशेषतः कलाओं और विचार आदि को लेकर। वे चाहते थे कि हमें कुछ पहल करना चाहिये। २०१६ में साढ़े चौरानवे वर्ष की आयु में उनकी मृत्यु के बाद रज़ा फ़ाउण्डेशन ने उनकी इच्छा का सम्मान करते हुए हिन्दी में कुछ नये क़िस्म की पुस्तकें प्रकाशित करने की पहल *रज़ा पुस्तक माला* के रूप में की है, जिनमें कुछ अप्राप्य पूर्व प्रकाशित पुस्तकों का पुनर्प्रकाशन भी शामिल है। उनमें गांधी, संस्कृति-

चिन्तन, संवाद, भारतीय भाषाओं से विशेषत: कला-चिन्तन के हिन्दी अनुवाद, कविता आदि की पुस्तकें शामिल की जा रही हैं। सभी पुस्तकों पर रज़ा साहब और उनके समकालीन मित्र चित्रकारों आदि की प्रतिकृतियाँ आवरणों पर होंगी।

मिर्ज़ा ग़ालिब की बनारस-यात्रा मशहूर है। उन्होंने फ़ारसी में, जो उनकी प्रिय काव्यभाषा थी, एक मस्नवी 'चिराग़-ए-दैर' नाम से लिखी थी। यों तो बनारस सदियों से एक पुण्य-नगरी है और उसकी स्तुति में बहुत कुछ इस दौरान लिखा गया है। ग़ालिब की मसनवी उस परम्परा में होते हुए भी अनोखी है जो एक महान कवि की एक महान तीर्थ की यात्रा को सच्चे और सशक्त काव्य में रूपायित करती है। एक ऐसे समय में जब हिन्दू और इस्लाम धर्मों के बीच दूरी बढ़ाने की अनेक प्रबल और निर्लज्ज दुश्चेष्टाएँ हो रही हैं इस मसनवी का हिन्दी अनुवाद एक तरह की याददहानी का काम करता है कि यह दूरी कितनी बहुत पहले पट चुकी थी।

अशोक वाजपेयी

अगस्त २०१७, नयी दिल्ली

आरम्भिक

मिर्ज़ा ग़ालिब उर्दू के अलावा फ़ारसी भाषा में भी शायरी करते थे। उस समय के हिन्दुस्तान में फ़ारसी उच्च वर्ग के लोगों की भाषा थी। जैसे कि वर्तमान युग में अंग्रेज़ी है।

यह हक़ीक़त है कि ग़ालिब ने अपना उर्दू दीवान नौजवानी के ज़माने में ही तैयार कर लिया था। इसके बाद उन्होंने उर्दू में बहुत कम और फ़ारसी में बहुत ज़्यादा लिखा। उनके फ़ारसी दीवान में शामिल रचनायें उर्दू से कई गुना अधिक हैं। यही नहीं, वे अपने उर्दू कलाम पर फ़ारसी कलाम को तर्जीह देते थे। उस पर गर्व भी करते थे। इस ख़्याल का इज़हार उन्होंने अपने एक शेर में भी किया है। कहते हैं :

> फ़ारसी बीनी ता बीनी नक़्श हाए रंग-रंग
> बगज़र अज़ मजमूआए उर्दू कि बेरंग मनस्त

मेरी फ़ारसी शायरी पढ़ो। जिसमें रंग-रंग के नक़्श हैं। (उसके मुक़ाबले में) उर्दू शायरी का मजमूआ बेरंग है।

यह बताने के बाद मैं ग़ालिब की एक मसनवी का ज़िक्र करना चाहता हूँ। यह मसनवी मूलतः फ़ारसी भाषा में लिखी गयी है। इसका शीर्षक 'चिराग़-ए-दैर' (यानी मन्दिर का दीया) है। शब्द 'मसनवी' का प्रयोग करते हुए यह भी स्पष्ट कर दूँ कि फ़ारसी और उर्दू में 'मसनवी' उस विशेष काव्य-विधा को कहा जाता है जिसमें साधारणतः किसी कहानी-क़िस्से या वाक़िये का बयान होता है। जायसी की 'पद्मावत' मसनवी शैली में ही है।

मिर्ज़ा ग़ालिब ने 'चिराग़-ए-दैर' में बनारस क़याम के दौरान अपने दिली जज़बात को काव्य रूप में अभिव्यक्त किया है। इस मसनवी को हिन्दुस्तान के प्राचीन और पावन पुनीत नगर बनारस पर लिखी गयी श्रेष्ठतम कविता कहा जा सकता है। ग़ालिब ने यह अप्रतिम मसनवी अपनी जन्मभूमि आगरा या कर्मभूमि देहली पर नहीं बल्कि बनारस पर लिखी है जहाँ उन्होंने अपनी कलकत्ता-यात्रा के दौरान लगभग दो महीने निवास किया था।

बनारस पहुँचने से पूर्व ग़ालिब लम्बे समय तक बीमार रहे थे। इसी कारण उन्हें तक़रीबन पाँच महीने लखनऊ में और फिर छह महीने बाँदा में गुज़ारने पड़े थे। बाँदा में इलाज और आराम के बाद जब उनकी तबीयत कुछ सँभल गयी तो वे अपनी यात्रा पर आगे रवाना हुए। बाँदा से निकलकर चिल्लातारा पहुँचे। वहाँ से अपने सामान, घोड़े और ख़िदमतगारों के साथ एक कश्ती में सवार होकर यमुना के रास्ते वे पहले इलाहाबाद गये। उनका इरादा वहाँ कुछ दिन ठहरने का था। लेकिन नौका द्वारा इलाहाबाद तक पहुँचने में उन्हें तीन दिन की बजाय छह-सात दिन लग गये। इस बीच उनकी तबीयत फिर ख़राब हो गयी। कुछ तो तबीयत की ख़राबी और कुछ वहाँ के लोगों के दुर्व्यवहार के कारण वे इलाहाबाद से इतने बदगुमान और बेज़ार हो गये कि वहाँ किसी न किसी तरह सिर्फ़ एक दिन और एक रात गुज़ारने के बाद शहर और उसके निवासियों पर लानत भेजते हुए दूसरी कश्ती द्वारा गंगा के रास्ते बनारस की ओर चल पड़े।

बनारस पहुँच कर ग़ालिब की तबीयत बहाल हो गयी। वहाँ के प्राकृतिक दृश्य, नदी, उद्यान, मन्दिर, मकानात, शहर और उसके निवासी सभी ग़ालिब को अच्छे लगे। यहाँ की आबोहवा भी उन्हें रास आई। स्वास्थ्य में सुधार महसूस हुआ। बनारस में उनका कोई भी सगा-सम्बन्धी, दोस्त, शागिर्द या परिचित व्यक्ति नहीं था। उन्होंने आरम्भिक पाँच दिन नवरंगाबाद की एक सराय में गुज़ारे। फिर उसी के पीछे एक बुढ़िया का मामूली-सा मकान किराये पर लेकर उसमें रहने लगे। यह मकान उनके रहने योग्य तो नहीं था लेकिन मजबूरी में यही ग़नीमत जाना। इसी मकान में बैठकर ग़ालिब ने सबसे पहले अपने घर और देहली के दोस्तों को अपनी ख़ैरियत के ख़त लिखे। इन्हीं दोस्तों में राय छजमल खत्री के नाम फ़ारसी में

लिखे गये पत्र में एक क़तआ भी मिलता है जिसका सारांश मैंने उर्दू में इस तरह पेश किया है :

लोग कहते हैं वो जा पहुँचा बनारस ज़िंदा
हमको उस घास के तिनके से यह उम्मीद न थी

बनारस में तीन हफ़्ते गुज़ारने और शहर से परिचित हो जाने के बाद ग़ालिब ने अपने एक और दोस्त मौलवी मोहम्मद अली खाँ को जो बाँदा में सद्रुलअमीन (सिविल जज) के पद पर कार्यरत थे, एक विस्तृत पत्र लिखा। इस पत्र में बनारस के सम्बन्ध में उनकी मन:स्थितियों का बेहद मार्मिक चित्रण मिलता है। ग़ालिब ने यहाँ आकर जो कुछ भी देखा और महसूस किया वह सब कुछ सच्चाई के साथ लिपिबद्ध कर दिया है। यूँ लगता है जैसे अपना दिल खोलकर रख दिया है। लिखते हैं :

''जब मैं बनारस में दाख़िल हुआ, उस दिन पूरब की तरफ़ से जान बख़्शने वाली, जन्नत की-सी हवा चली, जिसने मेरे बदन को तवानाई अता की और दिल में एक नयी रूह फूँक दी। उस हवा के करिश्माई असर ने मेरे जिस्म को फ़तह के झण्डे की तरह बुलन्द कर दिया। ठण्डी हवा की लहरों ने मेरे बदन की कमज़ोरी दूर कर दी।''

यह हाल ग़ालिब के बनारस प्रवेश का है। वहाँ कुछ दिन गुज़ारने और शहर के विभिन्न इलाक़ों की सैर करने के बाद उन्होंने क्या अनुभव किया यह भी देखिये :

''बनारस शहर के क्या कहने! अगर मैं इसे दुनिया के दिल का नुक़्ता (बिन्दु) कहूँ तो दुरुस्त है। इसकी आबादी और इसके अतराफ़ के क्या कहने! अगर हरियाली और फूलों के ज़ोर की वजह से मैं इसे ज़मीन पर जन्नत कहूँ तो बजा है। इसकी हवा मुर्दों के बदन में रूह फूँक देती है। इस की ख़ाक के ज़र्रे (कण) मुसाफ़िरों के तलवों से काँटे खींच निकालते हैं। अगर दरिया-ए-गंगा इसके क़दमों पर अपनी पेशानी न मलता तो वह हमारी नज़रों में मोहतरम (प्रतिष्ठित) न होता; और अगर सूरज इसके दरो-दीवार के ऊपर से न गुज़रता तो वह इतना रौशन और ताबनाक न होता।''

गद्य में बनारस की इतनी प्रशंसा करने के बाद ग़ालिब ने उसी ख़त में अपने बारह शेर भी लिखे हैं जो उन्होंने बनारस ही में कहे थे। उनमें भी

बनारस की ख़ूब प्रशंसा की गयी है। पहले शेर में 'चश्म-ए-बद्दूर' जैसा दुआइया कलमा अदा किया गया है :

तआला अल्लाह! बनारस, चश्म-ए-बद्दूर
बहिश्त-ए-ख़ुर्रम-ओ-फ़िरदोस-ए-मामूर

(अर्थात : सुब्हान अल्लाह! वाह-वाह! बनारस के क्या कहने हैं। वह तरोताज़ा जन्नत और भरी-पुरी फ़िरदौस है।)

इसके बाद दस अश्आर में ग़ालिब ने बनारस को देहली के लिये रश्क का कारण, उसकी ख़ाक के ज़र्रों को सूरज-समान और उसकी सुन्दर बालाओं को नख से शिख तक ख़ुदा का नूर क़रार देते हुए बारहवें शेर में यहाँ तक कह दिया है कि :

बुलंद उफ़तादः तमकीन-ए-बनारस
बुवद बर औज-ए-ऊ अंदेशः नारस

(बनारस का रुतबा इतना बुलंद है कि वहाँ तक किसी इंसान की कल्पना भी नहीं पहुँच सकती।)

ग़ालिब बनारस की रूहानी और रूमानी फ़ज़ाओं से इतने अधिक प्रभावित हुए थे कि उन्होंने यह बारह शेर लिखने के बाद अपने दोस्त मौलवी मोहम्मद अली खाँ को यह भी लिखा कि बनारस आने, शहर को देखने और कुछ समय यहाँ रहने के बाद इस मुक़ाम से उनकी अजनबियत ख़त्म हो गयी है। इस बुतख़ाने में बजाये जानेवाले शंखों की आवाज़ें सुनकर वे ख़ुशी महसूस करते हैं। बनारस ने उनका दिल मोह लिया है। अब उन्हें देहली की याद भी नहीं आती।

यही नहीं अपने इसी ख़त में ग़ालिब ने यह भी लिखा है कि अगर उन्हें दुश्मनों की शमातत का ख़ौफ़ नहीं होता तो वे अपना मज़हब तर्क करके माथे पर तिलक लगा लेते, जनीऊ धारण कर लेते और इसी हुलिये में गंगा किनारे जा बैठते और उस समय तक वहाँ बैठे रहते जब तक कि ज़िन्दगी-भर के गुनाहों की गर्द न धुल जाती और वे पानी के एक क़तरे की तरह दरिया में न मिल जाते यानी उनकी आत्मा ब्रह्मलीन न हो जाती।

ऐसा प्रतीत होता है कि गद्य और पद्य में इतना कुछ लिखने के बावजूद ग़ालिब सन्तुष्ट न थे। वे यह महसूस कर रहे थे कि बनारस के ताल्लुक़

से अपनी भावनाओं, विचारों, कल्पनाओं और अनुभवों को पूर्णरूप से व्यक्त नहीं कर पाये हैं। उनके ज़ेहन और दिल में अभी बहुत कुछ ऐसा शेष है जिसे अभिव्यक्ति नहीं मिली है, अतः उन्होंने उसी छन्द में (जिसमें पहले बारह शेर कह चुके थे) और शेर कहने शुरू किये। एक तो बनारस की जादू-भरी फ़ज़ा, दूसरे इस फ़ज़ा में ग़ालिब जैसे शाइर के विचारों और कल्पनाओं की उड़ान और फिर उनका विशेष मनोरम अंदाज़-ए-बयान। इन सब के प्रभाव के तहत एक के बाद एक वे लगातार शेर कहते रहे जो अन्ततः एक मसनवी के रूप में प्रकट हुए। ग़ालिब ने विषय के अनुकूल अपनी इस मसनवी को 'चिराग-ए-दैर' शीर्षक दिया। यह उनकी तीसरी फ़ारसी मसनवी है।

मैं 'चिराग़-ए-दैर' को किसी विदेशी भाषा में बनारस पर लिखी गयी पहली कविता मानता हूँ। यह और बात है कि उस दौर में यह भाषा हिन्दुस्तान में भी प्रचलित थी और एशिया की एक बड़ी और समृद्ध भाषा के रूप में ईरान, अफ़ग़ानिस्तान और तुर्की आदि जैसे देशों में भी प्रचलित थी।

ऐसा नहीं है कि बनारस पर फ़ारसी में सबसे पहले ग़ालिब ने ही लिखा हो। हक़ीक़त यह है कि फ़ारसी भाषा में बनारस के बारे में लिखने की परम्परा सदियों से चली आ रही है। ग़ालिब ने मसनवी 'चिराग़-ए-दैर' लिखकर उसी परम्परा का विस्तार किया है। फ़ारसी के प्रसिद्ध स्कॉलर प्रोफ़ेसर शरीफ़ हुसैन क़ासिमी 'चिराग़-ए-दैर' का उल्लेख करते हुए लिखते हैं :

> ''यह वाहिद मसनवी नहीं है जिसमें बनारस की तारीफ़-ओ-तौसीफ़ की गयी है। फ़ारसी के बहुत से ग्रन्थों में बनारस की समाजी और मज़हबी अहमियत, वहाँ के क़ुदरती-मनाज़िर (प्रकृति दृश्य) मज़हबी माहौल, इबादत ख़ाने, गंगा के किनारे स्नान के मनाज़िर, वहाँ के फितरी हुस्न, वग़ैरह का ज़िक्र किया गया है। यह ग्रन्थ ग़ालिब के दौर से क़दीम-तर भी है और हत्ता ग़ालिब के बाद भी फ़ारसी आसार में बनारस का एक मज़हबी मरकज़ की हैसियत से ज़िक्र मिलता है।''

मसनवी 'चिराग़-ए-दैर' कुल मिलाकर १०८ अश्आर पर आधारित है। अनुमान है कि ग़ालिब ने इससे अधिक अश्आर कहे होंगे लेकिन अपने देशवासियों के समान १०८ के अंक को शुभ और पवित्र मानते हुए १०८ से अधिक हो जानेवाले शेरों को मसनवी में शामिल नहीं किया। यह बात

मैं पूरे विश्वास के साथ इस बुनियाद पर कह रहा हूँ कि ग़ालिब ने मौलवी मोहम्मद अली खाँ को लिखे गये पत्र में बनारस की प्रशंसा में जो १२ शेर नक़्ल किये हैं उनमें एक शेर यह भी है।

फ़रंगिस्तान-ए-हुस्न-ए-बेहिजाबस्त
ज़ि ख़ाकश ज़र्रा-ज़र्रा आफ़ताबस्त

(अर्थात : यह शहर (बनारस) मानो बेनक़ाब हुस्न का फ़रंगिस्तान है। इसकी ख़ाक का ज़र्रा-ज़र्रा (कण-कण) सूरज के समान है।)

हालाँकि यह एक अच्छा-ख़ासा शेर है। इसके बावजूद पूरी मसनवी में यह कहीं भी नज़र नहीं आता। कारण यही हो सकता है कि ग़ालिब ने मसनवी को १०८ शेरों तक सीमित रखने के लिये इसे ख़ारिज कर दिया होगा। सम्भव है कुछ और शेरों के साथ भी यही सुलूक किया गया हो।

'काशी खण्ड' के अनुसार बनारस को १२ विभिन्न नामों से याद किया जाता है। ग़ालिब ने अपनी मसनवी में इसके दो ही नाम प्रयोग किये हैं। बनारस और काशी। यदि 'बहिश्ते-ख़ुर्रम' को 'आनन्द कानन' का अनुवाद मान लिया जाये तो यह तादाद तीन हो जायेगी। 'काशी खण्ड' में बिताये गये बनारस के बारह नामों में से एक नाम 'महा श्मशान' भी है जिसको मद्देनज़र रखकर श्रीकान्त वर्मा ने 'काशी में शव' शीर्षक अपनी एक कविता इन पंक्तियों से आरम्भ की है :

"तुमने देखी है, काशी
जहाँ जिस रास्ते
जाता है शव
उसी रास्ते
आता है शव।"

ग़ालिब ने इसके बरअक्स काशी में शव या मौत का नहीं बल्कि उसमें रवाँ-दवाँ ज़िन्दगी का चित्रण किया है।

बनारस के एक घाट के बारे में यह एक धारणा है कि जिस समय वहाँ कोई चिता नहीं जलेगी, उसी समय सम्पूर्ण काशी तबाहो बरबाद हो जायेगी और उसी के साथ समस्त संसार नष्ट हो जायेगा। ग़ालिब को बनारस की तबाही स्वीकार नहीं। उन्होंने अपनी धारणा का जवाज़ पेश

करने के उद्देश्य से अपनी मसनवी के नौ शेरों में एक दिलचस्प क़िस्सा बयान किया है जो इस शेर से शुरू होता है :

शबे पुर्सीदम अज़ रौशन बयाने
ज़िगर्दिशहाय गरदूँ राज़ दाने

(रात, मैंने एक रौशन-बयान बुज़ुर्ग से, जो आसमान की गर्दिश के रहस्य जानता था, यह सवाल किया)

सवाल यह था कि आप देख रहे हैं। दुनिया से नेकी रुख़्सत हो गयी है। मोहब्बत, वफ़ादारी और शर्म-ओ-हया बाक़ी नहीं। ईमान केवल नाममात्र को रह गया है। धोखाधड़ी आम है। हर तरफ़ दाना डालकर जाल में फँसाने का काम जारी है। बाप अपने बेटों के ख़ून के प्यासे और बेटे अपने बाप की जान के दुश्मन हैं। भाई अपने भाई के साथ झगड़ रहा है। मेलमिलाप हर दिशा से मुँह छिपाये भाग रहा है। यह सब क़यामत के आने के चिह्न हैं। इनके प्रकट हो जाने के बावजूद क़यामत क्यों नहीं आती? सूर फूँके जाने में क्यों देर हो रही है? (कहते हैं कि इसराफ़ील नामक फ़रिश्ता जब सूर फूँकेगा तो क़यामत आ जायेगी) आख़िर वह कौन है जिसने क़यामत को आने से रोक रखा है?

यह सवाल सुनकर वो बुज़ुर्ग पहले तो मुस्कुराया, फिर काशी की तरफ़ इशारा करके बोला, 'यह शहर।'

कि हक़्क़ा नीस्त सानेरा गवारा
कि अज़हम रीज़द ईं रंगींबिनारा

यानी सच बात यह है कि परमेश्वर को यह मंजूर नहीं है कि यह रंगीन बुनियाद शहर (बनारस) तबाहोबरबाद हो जाए।

'चिराग़-ए-दैर' एक अद्वितीय जादूअसर मसनवी है। इसमें बनारस तो है ही जिसके प्राकृतिक दृश्यों के साथ-साथ शहर की रूहानी और रूमानी फ़ज़ाओं का मार्मिक चित्रण मिलता है। इसके अलावा देहली भी है जिससे ग़ालिब को शिकायत है और प्यार भी है। देहली छोड़कर बनारस में बस जाने की तीव्र इच्छा का इज़हार किया गया है। अपने परिवार जनों की बेकसी का अहसास भी है। उनकी अनदेखी करने और उनसे ग़फ़लत बरतने पर अपने तईं लानत-मलामत का इज़हार भी है। मसनवी के

परिदृश्य में ग़ालिब की वह मन:स्थितियाँ भी मौजूद हैं जिन्हें सालिक (पथिक, जो गृहस्थाश्रम में रहते हुए बहुत बड़ा साधक हो) और साकिन (स्थिर) के सूफ़ियाना तसव्वुर के साथ निहायत ही कलात्मक ढंग से अभिव्यक्त किया गया है।

मसनवी के अन्तिम शेरों में ग़ालिब हमें उस बुलंदोबाला मुक़ाम पर खड़े नज़र आते हैं जहाँ समस्त धर्म और आस्थायें एक दूजे में घुल-मिलकर एक हो जाती है। वह हिन्दू विचारधारा और मान्यतायें हों या इस्लामी, बौद्ध हों या ज़रदुश्ती, सभी चिराग़-ए-दैर की रौशनी बन जाते हैं। लगता है शाइर ने सारे मोती चुनकर अध्यात्म के महीन लेकिन मज़बूत धागे में पिरो दिये हैं। मसनवी के अन्तिम शेरों में उनकी पृथक पहचान भी गुम हो गयी है। ग़ौर करें तो यहीं वह मुक़ाम भी नज़र आता है जिससे गुज़रते हुए सूफ़ी सरमद अपने धड़ पर सिर को क़ायम न रख सके थे, लेकिन हम देखते हैं कि ग़ालिब इस नाज़ुक मुक़ाम से सही-सलामत गुज़र गये हैं।

सादिक़

चिराग़–ए–दैर

१

नफ़स बा-सूर दमसाज़स्त इमरोज़
ख़मोशी महशर-ए-राज़स्त इमरोज़

आज
मेरी साँस
सूर[१]-ए-इसराफ़ील के
सुर में मिलाती
अपना सुर
महसूस होती है
और
मेरा मौन
मानो
हश्र का मैदान[२]
बनने जा रहा है
जिसमें
उठ जायेंगे
सब राज़ों से परदे

---

१. सूर = नरसिंघा—एक विशेष वाद्ययन्त्र जिसके बारे में मुसलमानों का विश्वास है कि इसराफ़ील फ़रिश्ता जब उसे फूँकेगा तो उसकी आवाज़ से क़यामत बरपा होगी।

२. वह मैदान विशेष जहाँ क़यामत के बाद सबके अच्छे और बुरे कर्मों का हिसाब होगा और उनके सारे कार्यों पर से परदा उठ जायेगा।

२

रग-ए-संगम शरारे मी नवीसम
कफ़-ए-ख़ाकम ग़ुबारे मी नवीसम

मैं हूँ
पत्थर की स्नायु
लेखनी से मेरी
झड़ती हैं
सदा चिंगारियाँ
सो
मैं शरारे लिख रहा हूँ।

एक मुट्ठी
धूल हूँ मैं
धूलधूसर लिख रहा हूँ।

मन में है
जितनी मलिनता
आज, शब्दों में
उतर कर आ रही है।

३

दिल अज़ शोर-ए-शिकायत पा-बजू शस्त
हुबाब-ए-बे-नवा तूफ़ाँ ख़रूशस्त

शोर से
शिकवे-शिकायत के
मेरा दिल
जोश में है

क्षुद्र से
इक बुलबुले में
कौन जाने
इस समय
सिमटा हुआ
कितना बड़ा
तूफ़ान है ?

विद्रोह का
अनुमान है।

४

ब-लब दारम ज़मीर आला बयानी
नफ़स खूं-कुन जिगर पाला फ़ुग़ानी

शब्द बनकर
आ रही है
मन की उत्कण्ठा
जो होंठों पर

यह समझो
साँस को
रक्तिम बनाने वाली
इक फ़रियाद है
जिसमें
जिगर के
रक्तरंजित-कण भी
शामिल हो रहे हैं।

५

परेशां-तर ज़े-ज़ुलफ़म दास्तांनीस्त
बि-दावा हर सर-ए-मूयम ज़बानीस्त

कथा-व्यथा मेरी
मेहबूब की
जुल्फ़ों से भी
ज़्यादा ही
बिखरी
और उलझी है
और
मेरा रोम-रोम
जीभ बन जाने का
दावा कर रहा है

ख़ुद सुनाने को
वही
जो आज तक
मैंने सहा है।

६

शिकायत गोन-ए-दारम ज़े-अहबाब
कतान-ए-ख़ीश मी शोयम ब-महताब

दोस्तों से अपने
मैं ऐसे
शिकायत कर रहा हूँ
मानो कोई शख़्स
अपने हाथ में लेकर
कताँ का वस्त्र
उसको
चाँदनी में बैठकर
धोने की
कोशिश कर रहा हो।

(लोग कहते हैं
कताँ का वस्त्र जब भी
रौशनी में चाँद की आता है
तो फ़ौरन
असर से चाँदनी के
ख़ुद-ब-ख़ुद
फट कर बिखर जाता है।)

७

दर आतिश अज़ नवा-ए-साज़-ए-ख़ीशम
कबाब-ए-शोला-ए-आवाज़-ए-ख़ीशम

आग में
इस वक़्त
अपने साज़ की
आवाज़ की
तन्हा
मुसलसल जल रहा हूँ।

मेरी ही
आवाज़ के
शोलों ने मानो
जी जला डाला है
मैं
जिसके सबब
व्याकुल रहा हूँ।

८

नफ़स अबरेशम-ए-साज़-ए-फुगानस्त
बसाने नै बुतम दर उस्तख़्वानस्त

साज़ पर
फ़रियाद के
हर साँस मेरी
साज़ का
वो
तार लगती है।
जिसे
अनजाना कोई
आज विचलित कर गया है
और
मेरी हड्डियों में
बाँसुरी के
धीमे सुर जैसा
ज्वर-सा
भर गया है।

९

मुहीत अफ़गन्दः बैरूं गौहरम रा
चु गर्द अफ़शांदः आहन जौहरम रा

मेरा
देहली से निकलना
ऐसा लगता है कि
अपने अंग से
दरिया ने मोती
आप ही
बाहर किया है।

लौह ने
जैसे कि अपना सार
जान के बेकार
राख की मानिन्द
यकदम
तज दिया है।

१०

ज़-देहली ताबिरूं आवुरदः बख़्तम
ब-तूफ़ान-ए-तग़ाफ़ुल दादः रख़्तम

मुझको जब
क़िस्मत ने मेरी
शहर देहली से
निकाला
तो
सरो-सामान सारा
विस्मरण की
तेज़ आँधी के हवाले
कर दिया।

११

११

कसअज़ अहले-वतन ग़मख़ार-ए-मन नीस्त
मिरा दर दहर पंदार-ए-वतन नीस्त

शह्र में इतने बड़े
इक शख़्स भी ऐसा नहीं
जो
याद कर मुझको कभी
दो लफ़्ज लिक्खे
और हमदर्दी जताए।

मुझको यह लगता है
नीले आस्मानों के तले
फैली हुई
इतनी बड़ी दुनिया में
अब मेरा वतन कोई नहीं है।

हाय!
क़िस्मत ने
ये कैसे दिन दिखाए।

१२

ज़-अरबाब-ए-वतन जोयम से तन रा
कि रंग-ओ-रौनक़ अन्द ईं नु चमन रा

आज
चारों ओर
नज़रें ढूँढ़ती हैं
मेरे अपने शहर की
मानी हुई
चंद हस्तियों में से
फ़क़त
उन तीन यारों को

जो रौनक है चमन की
शान हैं
इस अंजुमन की।

१३

चु ख़ुद रा जलवा सज-ए-नाज़ ख़्वाहम
हम अज़ हक़ फ़ज़्ल-ए-हक़ रा बाज़ ख़्वाहम

मेरा दिल
जब
नाज़ करना चाहता है
दोस्त पर
तो मैं
उठाकर अपने दोनों हाथ
करता हूँ दुआ कि :

ऐ ख़ुदा!
मैंने अगर
की है कोई नेकी
तो मुझको, उसका
बस इतना सिला दे
फ़ज़्ले-हक़[1] को फिर मिला दे।

---

१. उन्नीसवीं शताब्दी के एक बड़े विद्वान जो ग़ालिब के वरिष्ठ मित्र थे। सन् १८५७ के हंगामे के बाद अंग्रेज़ों ने उन्हें काले पानी की सज़ा दी थी।

१४

चु हिर्ज़-ए-बाज़ु-ए-ईमाँ नवीसम
हिसामुद्दीन हैदर खाँ नवीसम

जब भी
बाज़ू पर बँधे
ईमान के तावीज़ को
मैं याद करता हूँ
तो फिर
उस दोस्त का ही
नाम लिखता हूँ

जो
सदा रहता
क़रीब-ए-जाँ
हिसामुद्दीन हैदर ख़ाँ[1]।

---

१. ग़ालिब के एक क़रीबी दोस्त। दिल्ली के मुहल्ला बिल्लीमारान में इनके नाम की हवेली अब भी मौजूद है।

१५

चु पैवंद-ए-क़बा-ए-जाँ तराज़म
अमीनुद्दीन अहमद ख़ाँ तराज़म

आत्मा के
पैरहन पर
जब
लगाना चाहता हूँ
मैं कोई पैबंद
तो
उस वक़्त
केवल एक ही इंसाँ
अमीनुद्दीन अहमद ख़ाँ[१]
का प्यारा नाम
मेरे काम आता है

१. ग़ालिब के रिश्तेदार और दोस्त। ख़ानदान-ए-लुहारू के आख़री नवाब।

१६

गिरफ़्तम कज़ जहानाबाद रफ़तम
मुरा नयांरा चिरा अज़ याद रफ़तम

चलो माना
कि देहली छोड़कर
मैं आज
बैठा हूँ
बहुत ही दूर आकर।

ख़ुदा के वास्ते
लेकिन कोई
यह तो बताये
कि यादों से भी
तीनों दोस्तों की
हो गया क्यूँकर
मैं बाहर।

१७

मगो दाग़-ए-फ़िराक़-ए-बोस्तां सोख़्त
ग़म-ए-बे-मेहरी-ए-ईं दोस्तां सोख़्त

यह न कहना
जी जला डाला है
दिल्ली से विरह की
आग ने
तो आँख नम है।

सच तो यह है
कि मुझे
अपने इन्हीं
यारों की
बे-मेहरी का ग़म है।

१८

१८

जहानाबाद गर नबुबद अलम नीस्त
जहानाबाद बादा जाय कम नीस्त

यदि देहली नहीं
तो न सही
कुछ ग़म नहीं है

यहाँ सारा जहाँ
आबाद है
मेरे लिये
इसमें
जगह की
क्या कमी है ?

१९

नबाशद क़हत बहर-ए-आशयाने
सर-ए-शाख़-ए-गुले दर गुलसिताने

वतन से दूर
इस गुलशन में भी
मेरे लिये
फूलों की शाख़ों की
कहीं कोई कमी है ?

जहाँ चाहूँ
बना लूँगा
मैं अपना आशियाना।

मुझे भी
मिल ही जायेगा
कोई अच्छा ठिकाना।

२०

सिपस दर लालः ज़ार-ए-जा तवाँ कर्द
वतन रा दाग़ इस्तिग़ना तवाँ कर्द

तो ऐसे
आशियाना इक
नये गुलशन में
बन सकता है

ऐसे ही
वतन से विरह का
जो दाग़ है
दिल पर
हमेशा के लिये
अपने वतन को
अलविदा कह कर
वो मिट सकता है।

२१

ब-ख़ातिर दारम ईनक गुल ज़मीने
बहार आईं सवाद-ए-दिल नशीने

आ गया है
मेरा दिल
फूलों की
एक ऐसी ज़मीं पर
जिसकी आबादी
है सुन्दर
जो सुगन्ध और रंग का
ऐसा चमन है

हर तरफ़ जिसमें
बहारों का चलन है।

२२

कि मी आयद ब-दावा गाह-ए-लाफ़श
जहानाबाद अज़ बहर-ए-तवाफ़श

ज़माने भर में
यह स्थल
'मुक़ाम-ए-फ़ख़्र'
कहलाता है।

देहली शहर भी
इसकी
परिक्रमा को
आता है।

२३

निगेह रा दावा-ए-गुलशन-अदाई
अज़ाँ ख़ुर्रम बहार-ए-आशनाई

बनारस
शहर को देखो
तो हर एक ओर से
साकार लगता है
बहार।

निगाहें
उसके जलवे
देखने के बाद
ख़ुद
'गुलशन अदा'
होने का दावा
करने लगती हैं।

२४

सुख़न रा नाज़िश-ए-मीनू क़ुमाशी
ज़ि गुलबांग-ए-सताइशहाए काशी

उसकी प्रशंसा में
अपनी ख़ुशबयानी
की बदौलत
शायरी भी
स्वर्ग जैसी
हो गयी
ग़ुंचा ए-दिल उसका
मानो खिल गया है
स्वर्ग का सौन्दर्य
उसको मिल गया है।

२५

तआलल्लाह बनारस चश्म-ए-बद दूर
बहिश्त-ए-ख़ुर्रम-ओ-फ़िरदौस-ए-मामूर

सुब्हान अल्लाह!
क्या कहने बनारस के!

ख़ुदावंदा
बुरी नज़रों को तू
इससे हमेशा
दूर रखियो।

यह नगर है स्वर्ग
इस आनन्द कानन को
सदा आबाद
और मसरूर रखियो।

२६

बनारस रा कसे गुफ़ता कि चीनस्त
हनोज़ अज़ गंग चीनश बर जबीनस्त

किसी नादान ने
यह कह दिया था
कि बनारस
चीन के मानिन्द है

यह
बात सुनकर
मौज-ए-गंगा
बन गयी,
माथे का बल

सो आज तक है।

२७

बे-ख़ुश पुरकारी-ए-तर्ज़-ए-वजूदश
ज़े देहली मी रसद हरदम दरूदश

बनारस का वजूद
इतना अनूठा
और मनोरम है
कि देहली शहर भी
इसको पसन्द करता है
यूँ कहिए कि
इसके हुस्न पे मरता है
और इसका
बड़ा सम्मान करता है।

सदा
देता दुआएँ
और
मंगल गान करता है।

२८

२८

बनारस रा मगर दीदस्त दर ख़्वाब
कि मी गरदद ज़े-नहरश दर दहन आब

बनारस शहर लासानी
नहीं इसका कोई शानी
मुझे तो ऐसा लगता है
कि देहली ने
बनारस को
कभी
सपने में देखा है

तभी तो
मुँह में भर आया
नहर[१] के रूप में पानी।

---

१. ग़ालिब के ज़माने में चाँदनी चौक के बीचोंबीच एक नहर रवाँ थी यहाँ, उसी की तरफ़ इशारा है।

२९

हसूदश गुफ़तन आईन-ए-अदब नीस्त
व लेकिन ग़िबत: गर बाशद अजब नीस्त

बनारस के तईं
देहली के दिल में
जो भी हो
उसको
'हसद'[१]
कहना तो
बेअदबी है

फिर भी
बनारस पर
अगर आता है
उसको 'रश्क'[२]
तो हैरत नहीं है।

---

१. ईर्ष्या, जलन, डाह

२. यह जज़्बा कि अमुक व्यक्ति ऐसा है, काश हम भी ऐसे होते (इस जज़्बे में ईर्ष्या बिलकुल नहीं होती, हर्ष होता है)

३०

तनासुख़ मशरबाँ चूँ लब कशायन्द
बे-केश-ए-ख़ेश काशी रा-स्तायन्द

वे, जो
यह विश्वास रखते हैं।

क्रम जीवन-मरण का
योनि-दर-योनि
सदा रहता है जारी।

इस विषय पर
जब कभी
मुँह खोलते हैं
तो इसी विश्वास के अनुसार
प्रशंसा में काशी की
हमेशा बोलते हैं।

३१

किः हरकस कांदरां गुलशन बिमीरद
दिगर पैवंद-ए-जिस्मान-ए-नगीरद

वे कहते हैं :

बनारस
ऐसा गुलशन है
कि इसमें
जो भी कोई
प्राण त्यागे
वो निःसन्देह
मोक्ष पाता है
शरीर
और आत्मा का
उसकी
रिश्ता
टूट जाता है।

जनम-जन्मान्तर के
चक्र से वो
छूट जाता है।

३२

चमन सरमाया-ए-उम्मीद गरदद
बे-मुर्दन ज़िंदा-ए-जावीद गरदद

यह गुलशन
उनकी आशाओं का
बन जाता है सरमाया।

यहाँ पायी
यदि मृत्यु
तो समझो
साथ ही
अमरत्व भी पाया।

३३

ज़हे आसूदगी बख़्श-ए-रवांहा
कि दाग़-ए-चश्म मी शूयद ज़ जांहा

धन्य है
धरती बनारस की
जो हर इक
आत्मा को
शान्ति
प्रदान करती है।

जो सारी आत्माओं से
बुरी नज़रों के
हर प्रभाव को
धो डालती है
हर बला को
टालती है।

३४

शगुफ़ते नीस्त अज़ आब-ओ-हवायश
कि तन्हा जां शवद अन्दर फ़ज़ायश

नहीं हैरत की
कोई बात
अगर
प्रभाव से
इस शहर की आबो हवा के
फ़ज़ा में
साँस लेने वाले
सारे जिस्म
रूहों में
बदल जायें।

सभी
पंचतत्व के
बन्धन से भी
आज़ाद हो जायें।

३५

बया ऐ ग़ाफ़िल अज़ कैफ़ीयत-ए-नाज़
निगाहे बर परीज़ादांश अंदाज़

जो भी कोई
गर्व के आनन्द से
परिचित नहीं है
वो
यहाँ आए।

ज़रा पल-छन
बनारस के
परीज़ादों को देखे।

मुझे विश्वास है
जो उनका
जलवा देख पायेगा
वो ख़ुद पे गर्व करना
ख़ुदबख़ुद ही
सीख जायेगा।

३६

३६

हमा जांहाए बे-तन कुन तमाशा
नदारद आब-ओ-ख़ाक ईं जलवा हाशा

इधर आकर
तनिक
इन आत्माओं पर
नज़र डाले
कि जिन पर
आवरण कोई नहीं है
देह का।

अजब
यह रूप है
जो सिर्फ़ आँखों से
नहीं दिखता
कि अपना कोई रिश्ता
पंच तत्त्वों से नहीं रखता।

३७

निहाद-ए-शां चु-बू-ए-गुल गिराँ नीस्त
हमा जानन्द जिस्मे दरमियां नीस्त

इनकी प्रकृति
कहूँ तो
फूल की
ख़ुश्बू सरीखी
हल्की-फुल्की है।

यह
सिर से पैर तक
बस,
आत्मा ही आत्मा हैं।

न इनके
अंग हैं
न रंग
कोई भार
ना आकार।

३८

ख़स-ओ-ख़ारश गुलिस्ता अस्त गोई
ग़ुबारश जौहर-ए-जा अस्त गोई

बनारस
एक ऐसा शहर है
कि जिसमें
सूखी घास
और काँटे
गुलिस्ताँ

...और इसकी
धूल
मानो
आत्मा का
सार लगती है।

३९

दरीं दैरीना दैरिस्तान-ए-नैरंग
बहारश ऐमनस्त अज़ गर्दिश-ए-रंग

"परिवर्तन
प्रकृति का
स्थायी—नियम है"

सच सही
लेकिन
बनारस जैसे
मायावी नगर में ही
बहारें
इस नियम से
मुक्त रहती हैं।

४०

चः फ़रवरदीं चः दी माह-ओ-चः मुर्दाद
बहर मौसम फ़ज़ायश जन्नत आबाद

शिशिर हो
ग्रीष्म
या
वर्षा ऋतु हो

इनमें से
प्रत्येक रुत में
बनारस की फ़ज़ा
'जन्नत-नज़र'
मालूम होती है।

४१

बहारां दर शिता-ओ-सैफ़ ज़े आफ़ाक़
बे काशी मी कुनद क़िशलाक़-ओ-बैलाक़

कभी
सर्दी का मौसम
और
कभी गर्मी
बिताने को

बहारें
सारी दुनिया से
बनारस में
चली आती हैं
सुख और चैन पाने को।

४२

बुवद दर अर्ज़-ए-बालअफ़शानी-ए-नाज़
ख़िज़ानश संदल-ए-पेशानी-ए-नाज़

यहाँ
इस शहर में
पतझड़ का मौसम
जब कभी आता है
माथे पर
बनारस के
तिलक
चन्दन का
बन जाता है।

४३

ब-तसलीम-ए-हवा-ए-आं चमन ज़ार
ज़े-मौज-ए-गुल बहारां बसतः जुन्नार

बनारस के
गुलिस्ताँ में
हर इक मौसम
पवन को
इस तरह से
मान देता है

झुका सिर को
हसीं-रंगीन
फूलों की
तरंगों का
जनेऊ
धार लेता है।

४४

फ़लक रा क़शक़: अश गर बर जबीं नीस्त
पस ईं रंगीनी-ए-मौज-ए-शफ़क़ चीस्त

नहीं है वह
यदि आकाश के
माथे की शोभा
या तिलक

तो
फिर बताओ
हर सुबह
हर शाम
जो आती नज़र
आकाश पर
ऊषा की रंगीनी
वो क्या है ?

४५

कफ़-ए-हर ख़ाक़श अज़ मसती कनिश्ती
सर-ए-हर ख़ारश अज़ सब्ज़ी बहिश्ती

इस शहर की
एक मुट्ठी धूल
ब्रह्मलीनता के
ख़ास आलम में
शिवालय की तरह है
और
हरियाली में
इसका
एक एक काँटा
यह मानो
स्वर्ग जैसा है।

४६

सवादश पा-ए-तख़्त-ए-बुतपरस्तां
सरापायश ज़ियारत गाह-ए-मस्तां

यह बस्ती
एक मर्कज़ ख़ास है
उन आस्थावानों का
जिनको मूर्ति पूजक
कहा जाता है
पूरे विश्व में

यही
आरम्भ से
ले अन्त तक
मस्तों का
तीर्थ स्थल है।

४७

इबादत ख़ाना-ए-नाक़ूसियानस्त
हमाना काबा-ए-हिन्दोस्तानस्त

मैं
आँखों देखे
और कानों सुने
अपने अनुभव
ज़ेहन में रखकर
यह कहता हूँ।

बनारस
आस्थावानों का
इक पावन
इबादत ख़ाना है।

बेशक
यह हिन्दुस्तान का
काबा है।

४८

बुतानश रा हयूला शोला-ए-तूर
सरापा नूर-ए-ईज़द चश्म-ए-बद दूर

यहाँ की
जागती-जीती
मुक़द्दस मूरतों की देह
उस शोले से निर्मित हैं
जिसे मूसा[१] ने सदियों पूर्व
पर्वत (तूर) पर देखा था।

यहाँ की
युवतियों के रूप
या नख-शिख का वर्णन
बयाँ शब्दों में क्योंकर हो
ख़ुदा का नूर।

चश्म-ए-बद दूर।

---

१. एक पैग़म्बर का नाम जिनके अनुयायी 'यहूदी' कहलाते हैं।

४९

मियांहा नाज़ुक–ओ–दिल्हा तवाना
ज़े नादाने बि–कार–ए–ख़ेश दाना

यहाँ
हर सुन्दरी
नाज़ुक कमर
नाज़ुक बदन
लेकिन
निहायत संगदिल है।

हर इक
सूरत से
भोली–भाली
और
नादान लगती है
मगर
दिल छीन लेने की
कला में
दक्षता रखती है।

५०

५०

तबस्सुम बसके दर लबहा तबीईस्त
दहनहा रश्क-ए-गुलहा-ए-रबीईस्त

इनके होंठों पर
नज़र आती है
जो मुस्कान
वो स्वभाव का
एक अंग है।

और
चेहरों पर
जो देखो तो
बहारों से भी
सुन्दर रंग है।

५१

अदाए यक गुलिस्तां जलवा सरशार
ख़िरामे सद क़यामत फ़ितना दर-बार

इन
हसीनों की
अदाएँ
एक
पूरे बाग़ का
जलवा समझ लो।

चाल इनकी
कुछ न पूछो
इक क़यामत

पल में राहत
पल में आफ़त।

५२

बि लुत्फ़ अज़ मौज-ए-गौहर नर्म रू तर
बि-नाज़ अज़ ख़ून-ए-आशिक़ गर्म रू तर

इन हसीनों का
अगर स्वभाव पूछो

चाहने वालों के सम्मुख
मेहरबानी की
गति
ऐसी है
जैसे लहर में
मोती तरंगित।

और
इनका बाँकपन
पूछो तो
आशिक़ की रगों में
दौड़ते-फिरते
लहू से तेज़तर।

५३

५३

ज़े अंगेज़-ए-क़द् अंदाज़-ए-ख़िरामे
ब-पाए गुलबुने गुस्तरदः दामे

देखते ही
बनती है
क़द की उठान
तिस पे अलबेली
नशीली चाल

क्या कहने!

धीमे क़दमों
जब चलें
दिल को छलें
जाल
मानो हैं बिछे कुछ
पुष्प थालों के तले।

५४

जिं रंगीं जलवहा ग़ारतगर-ए-होश
बहार-ए-बिस्तर-ओ-नौरोज़-ए-आग़ोश

उड़ा देती हैं
अकसर होश
रंगीनी से जलवों की

वो
बिस्तर के लिये
मानो बहाराँ
और
गले मिलने
लिपटने की
बढ़ाने को हवस
नौरोज़[१]
या नववर्ष का
प्रथम दिवस
अजब है रंग रस।

---

१. फ़र्वरदीन मास का पहला दिन जिसे पारसी लोग बड़े उत्सव के रूप में मनाते हैं।

५५

ज़ि-ताब-ए-जलवा-ए-ख़ीश आतिश अफ़रोज़
बुतान-ए-बुत-परस्त-ओ-बर्‌हमनसोज़

अपने
जलवों की दमक से
आशिक़ों के दिल में
जैसे आग भड़काती हैं
हरदम इश्क़ की।

वो हैं ऐसी मूरतें
जो ख़ुद तो
पूजा अर्चना करती हैं
लेकिन ब्राह्मण
(अपने पुजारी)
को जला देती हैं।

५६

बि-सामान-ए-दोआलम गुलसिताँ रंग
ज़े-ताब-ए-रुख़ चिराग़ान-ए-लब-ए-गंग

लोक
और परलोक के
सौन्दर्य प्रसाधन से
चेहरे उनके
फूलों की तरह
क्या खिल रहे हैं!

उनकी मुख-आभा ने
मानो शाम के आते ही
बस्ती से
ज़रा हटकर
चिराग़ाँ कर दिया
गंगा के तट पर।

५७

५७

रसांदः अज़ अदा-ए-शस्त-ओ-शूए
बहर मौज-ए-नवीद-ए-आबरूए

वो
पानी में उतर कर
तट पे जब
स्नान करती हैं

तो
यूँ लगता है कि
गंगा की
एक-एक लहर को
मान मर्यादा का
शुभ-संदेश देती हैं।

५८

क़यामत-क़ामतां, मिज़गां दराज़ां
ज़े मिज़गां बर सफ़-ए-दिल नेज़ा-बाज़ां

उनके क़द
जैसे
क़यामत
सामने आकर
खड़ी हो।

ख़ूबसूरत नैन
जादू से भरे
और पलकें
लम्बी काली रात जैसी
जिनसे
करती हैं
दिलों पर आशिक़ों के
नेज़ा बाज़ी।

५९

बि-तन सरमाया-ए-अफ़ज़ाइश-ए-दिल
सरापा मुज़दा-ए-आसाइश-ए-दिल

देह उनकी

आशिक़ों के
दिल लुभाए।
और
नख-शिख
दिल की
राहत के लिये
शुभ सूचना लाए।

६०

६०

ब-मस्ती मौज रा फ़रमूदा आराम
ज़े-नग़ज़ी आब रा बख़शीदा अंदाम

बनारस की
हसीनाओं ने
गंगा में उतर के
हर्ष और मस्ती से
सब लहरों को
निश्चल
कर दिया है
और
अदाए-ख़ास से
देह अपनी
जल को
अर्पण कर
बहुत प्रसन्न हैं।

सम्पदा से
काशी और गंगा की
वे सम्पन्न हैं।

६१

फतादा शोरिश-ए-दर-क़ालिब-ए-आब
ज़े-माही सद् दिलश दर-सीना बेताब

हसीनाओं के
गंगा में उतरते ही

उन्हें आग़ोश में
लेने को
बेताबी से
लहरें बढ़ रही हैं
जिससे पानी में
बड़ी हलचल मची है
मानो
इक तूफ़ान
बरपा हो गया है।

जल से बाहर
प्रेमियों के
अनगिनत दिल
मछलियों जैसे
तड़पते लग रहे हैं।

६२

ज़े-बस अर्ज़-ए-तमन्ना मी कुनद गंग
ज़े-मौज आग़ोशहा वा मी कुनद गंग

अपने दिल की
आरज़ूएँ
व्यक्त करने के लिये
ख़ुद
मौज-ए-गंगा भी
उतर
और
चढ़ रही है।

रूप में
हिल्लोल के
अपनी बाँहें खोल के
उनको
आलिंगन में
लेने के लिये
बेताब होके
बढ़ रही है।

६३

ज़ि-ताब-ए-जलवाहा बेताब गश्तः
गुहरहा दर सदफ़ हा आब गश्तः

यहाँ
स्नान करती
युवतियों का
देखकर सौन्दर्य

गंगा-तल के
गौहर भी
व्याकुल हो रहे हैं।

सीपियों के
गर्भ के अन्दर ही अन्दर
पानी-पानी हो रहे हैं।

अपनी हस्ती
खो रहे हैं।

६४

मगर गोई बनारस शाहिदे हस्त
ज़े-गंगश सुब्ह-ओ-शाम आईना दर दस्त

यह कहना
तर्क संगत लग रहा है
कि बनारस
एक सुन्दर
प्रियतमा है
जो
सवेरे-शाम
करने के लिये श्रृंगार
लिये रहती है
हाथों में
सदा
गंगा का आईना!

६५

नियाज़-ए-अक्स-ए-रूए आं परी चह्र
फ़लक दर ज़र गिरफ्त आईना अज़ मह्र

परीचेहरा
(अति सुन्दर) है
यह काशी नगर

इसका
प्रतिबिम्ब
पाने के लिये
आकाश ने
सूरज के आईने को
ख़ालिस स्वर्ण से
निर्मित किया है।

६६

बिनाम ईज़द ज़हे हुस्न–ओ–जमालश
कि दर आईना मी रक़सद मिसालश

इसकी
सुन्दरता की बाबत
क्या कहूँ रब्बा!

यही करता है मन
कि मैं
बिना झपकाए पलकें
आईने में
इसका प्रतिबिम्ब
हरदम नृत्य करते
देर तक
देखा करूँ रब्बा।

६७

बहारिस्तान-ए-हुस्न-ए-लाउबालीस्त
बि-किश्वरहा समर दर बे-मिसालीस्त

यह
बनारस शहर
हुस्न-ए-बेपरवा का
मानो
इक बहारिस्तान है।

इसके
अद्वितीय होने की
कथाएँ
मुल्कों-मुल्कों
विश्व में
मशहूर हैं।

६८

बि-गंगश अक्स ता परतौ फ़िगन शुद
बनारस ख़ुद नज़ीर-ए-ख़ीशतन शुद

जब
बनारस शहर ने
गंगा के तीर
जल में
अपना
अक्स डाला

हो गया वह
बेनज़ीर।

६९

चू दर आईना-ए-आबश नमूदंद
गज़ंद-ए-चश्म-ए-ज़ख़्म अज़ वे रबूदंद

बनारस शहर को
जब
जल के दर्पण में
दिखाई
शक्ल उसकी
तो
शकुन पूरा हुआ।

बद नज़र
लगने का
जो
सन्देह था
जाता रहा।

७०

बि-चीं नबुवद निगारिस्तां चू ऊई
बि-गीती नीस्त शारिस्तां चू ऊई

चीन जैसे
देश में भी
क्या
बनारस की तरह
कोई
हसीनों का शहर
होगा?
ऐसा कुछ लगता नहीं है
और
चीन ही क्या
विश्व भर में
ऐसे दिलकश गुलसितानों
महलों और प्रासादों वाले
ख़ूबसूरत शहर
का अस्तित्व
सम्भवतः नहीं है।

७१

बयाबां-दर-बयाबां लालाज़ारश
गुलिस्ता-दर-गुलिस्तां नौ-बहारश

बयाबाँ
दर बयाबाँ
जिस तरफ़
जाएँ निगाहें।

दूर तक
गुलज़ार ही
गुलज़ार
अपने सामने
पाएँ निगाहें।

७२

शबे पुर्सीदम अज़ रौशन बयाने
ज़ि-गर्दिशहाए गरदूँ राज़ दाने

कल रात
अचानक ही मुझे
मिल गया
दरवेश इक
रौशन बयान[१]

गर्दिशों का
आसमानों की
वह ज्ञाता था
सितारों के
रहस्यों से भी
वाक़िफ़ था

अदब के साथ
मैंने उससे पूछा :

---

१. स्पष्ट रूप से बात करनेवाला, ज्ञानी बुज़ुर्ग व्यक्ति।

७३

कि बीनी नेकुईहा अज़ जहाँ रफ्त
वफ़ा-ओ-महर-ओ-आज़र्म अज़ मयाँ रफ्त

'ऐ बुज़ुर्ग-ए-मोहतरम'
आप
यह तो देखते हैं
धर्मनिष्ठा
और सज्जनता
अब इस दुनिया से
रुख़सत हो रही है।

वफ़ादारी
मोहब्बत और
मानवता भी
दुनिया से हमारी
दिन-ब-दिन
कम हो रही है
और
चारों ओर
बेशर्मी
निरन्तर बढ़ रही है।

७४

ज़े-ईमांहा बि-जुज़ नामे नमांदे
बग़ैर अज़ दाना-ओ-दामे नमांदे

धर्म
और ईमान
केवल नाम को ही
रह गये हैं।

हर तरफ़
आती नज़र
धोखाधड़ी की रेलपेल

चल रहा
संसार में बस
जाल और
दाने का खेल।

७५

पिदरहा तिश्ना-ए-ख़ून-ए-पिसरहा
पिसरहा दुश्मन-ए-जान-ए-पिदरहा

फैलता जाता है
अब दुनिया में
कुछ ऐसा जुनून

बाप
पीने को है तत्पर
अपने ही
बेटे का ख़ून।

बीच दोनों के
निरन्तर चल रही है
ऐसी अनबन

बन गया है
बेटा
अपने बाप का ही
जानी दुश्मन।

७६

७६

बिरादर-बा-बिरादर दर-सतेज़स्त
विफ़ाक़ अज़ शश-जिहत रू दर गुरेज़स्त

भाँजकर तलवारें
भाई
भाइयों से
लड़ने-मरने पर
तुले हैं।

देखकर
यह दृश्य

प्रेम और शान्ति
अब हर दिशा से
मुँह छुपाये
भागते हैं।

७७

बदीं बे-परदगी-हाए अलामत
चिरा पैदा नमी गर्दद क़यामत

क़यामत
आने के बारे में हमने
जो
बुज़ुर्गों से सुना था

सब
निशान उसके हैं
दुनिया भर में प्रगट।

जानना
मैं चाहता हूँ
इस विषय में
आपका मत।

जब हैं जग-ज़ाहिर निशान
सब निशान
आती नहीं क्यों
फिर क़यामत?

७८

बि-नफ़ख़-ए-सूर तावीक़ अज़ पए चीस्त
क़यामत रा इनागीर-ए-जुनूँ कीस्त

सूर-ए-इसराफ़ील
फूँके जाने में
अब
देर है क्या?

मेहरबानी कर
ज़रा
यह तो बताएँ
रास्ता किसने
क़यामत का है रोका?

७९

सुए काशी ब-अन्दाज़-ए-इशारत
तबस्सुम कर्दओगुफ्ता ईं इमारत

सुन के मेरी बात
वो दरवेश
पहले मुस्कुराया

फिर
बनारस की तरफ़
करके इशारा
फ़रिश्तों की तरह
गम्भीर लहजे में
यूँ बोला :

"मूल कारण
यह मुक़द्दस शहर है।"

८०

८०

कि हक़्क़ा नीस्त साने रा गवारा
कि अज़ हम रीज़द ईं रंगीं बिनारा

सच यह है

परमेश्वर को
ख़ुद नहीं मंजूर
कि सृष्टि का
अप्रतिम
यह सुन्दरतम नगर
(काशी)
क़यामत की वजह से
नष्ट और
नाबूद हो जाए।

८१

बुलंद-उफ् तादा तमकीन-ए-बनारस
बुवद बर औज-ए-उ अन्देशा ना रस

बुलंद इतनी
बनारस शहर की है
शान-ओ-शौकत
और अज़्मत
कि
मानव-कल्पना भी
चाहे तो
उसके शिखर को
छू नहीं सकती।

८२

अला ऐ ग़ालिब-ए-कार ऊफ्तादे
ज़ि चश्म-ए-यार-ओ-अग़यार ऊफ्तादे

असद उल्लाह खाँ ग़ालिब
विचारों के वनों में तुम
बहुत ही कर चुके विचरण
बहुत ही
लनतरानी[1] कर चुके
अब
होश में आओ।

तुम हो बस
इक शख़्स
नाकारा
सदा बातें
निरर्थक सोचते हो

इसी कारण
सभी अपनो परायों की
नज़र में गिर चुके हो।

---

१. डींगें मारना, शेख़ी बघारना

८३

ज़ि-ख़ेश-ओ-आश्ना बेगाना गश्ते
जुनूँ गुल कर्दा-ओ-दीवाना गश्ते

इस शहर में
पा के सुख
अपने
सगे-सम्बन्धियों
और आश्रितों को
भूल बैठे हो

इन दिनों
दीवानगी का
तुम पे
दौरा-सा पड़ा है
ऐसा लगता है कि
कुछ पगला गए हो।

८४

चि–महशर सरज़द अज़ आब–ओ–गिले तू
दरेग़ा अज़ तू–ओ–आह अज़ दिले तू

मिट्टी
और पानी सरीखे
मूल तत्त्वों से बने
अस्तित्व में जो
सिर उठाती
लग रही है
इक क़यामत
आज
क्या इसका तुम्हें
कुछ होश है?

बहुत अफ़सोस है
तुम पर
तुम्हारे दिल पे भी
अफ़सोस है।

८५

चि-जूए जलवा ज़ीं रंगीं चमन हा
बहिश्त-ए-ख़ीश शौ अज़ ख़ूँ शुदन हा

तुम्हें
काशी के इस
रंगीन गुलशन के
हसीन और दिल नशीं
जलवों से क्या लेना ?

दर्द झेलो
दुख उठाओ
दिल की
सारी ख़्वाहिशों का
ख़ून करके

अपनी जन्नत
ख़ुद बनाओ।

८६

जुनूंनत गर बि-नफ्स-ए-ख़ुद तमामस्त
ज़ि-काशी ताबः काशां नीम गामस्त

अगर दीवानगी
अपनी जगह
भरपूर है
तो फिर
समझ लो
काशी से
काशान[१]
बस
आधे क़दम ही
दूर है।

---

१. ईरान का एक प्रसिद्ध नगर, यहाँ के रहनेवाले काशी कहलाते थे।

८७

चु बू-ए-गुल ज़ि पैराहन बरूँ आइ
ज़ि आज़ादी ज़ि बंद-ए-तन बरूँ आइ

पंखुड़ी से
फूल की
ख़ुशबू
निकलती जिस तरह
वैसे ही
अपने पैरहन से
तुम भी
बाहर आओ
और
अपने बदन की
क़ैद से
आज़ाद हो जाओ।

८८

मदेह अज़ कफ़ तरीक़-ए-मारिफ़त रा
सरत गर्दम ब-गर्द ईं शिश-जेहत रा

जो
बनारस की
फ़ज़ाओं में मिला
अध्यात्म का रस्ता
बहुत अच्छा है
और सच्चा है
यह
हरगिज़ न छोड़ो।

षट-दिशाओं में
करो विचरण
तुम
इससे मुँह न मोड़ो।

८९

८९

फ़िरौमांदन ब-काशी नारसाईस्त
ख़ुदारा ईं चे काफ़िर माजराईस्त

तुम
जहाँ जाने को
अपने घर से निकले
वह जगह
अब तक न आई है।

ज़रा सोचो
कि रस्ते-बीच
रुक जाने से काशी में
हुआ क्या पूर्ण आशय
और
मंज़िल तुमने पाई है?

नज़र अन्दाज़ करना
मुद्दआ
काफ़िर अदाई है।

९०

अज़ीं दावा ब-आतिश शूइ लब रा
बि-ख़्वाँ ग़मनामा-ए-ज़ौक़-ए-तलब रा

जो
दावा कर रहे हो
उसपे
होंठों को
दहकती आग का
तुम दाग़ देकर
पाक कर लो

और फिर
घर से
बुलावे का
जो ख़त आया है
उसको ध्यान से
पढ़ लो।

९१

बि-काशी लख़्ते अज़ काशाना याद आर
दरीं जन्नत अज़ां वीराना याद आर

बैठकर काशी में
अपना भूला काशाना[१]
ज़रा तुम
याद कर लो
जिसको छोड़े
एक मुद्दत
हो रही है।

आज
इस जन्नत में बैठे
तुम ज़रा
उस छोड़े वीराने के
बारे में भी सोचो
जिसकी क़िस्मत
सो रही है।

---

१. छोटा-सा घर।

९२

दरेग़ा दर वतन वामांदा-ए-चंद
बि-ख़ून-ए-दीदा ज़ौरक़ रांदा-ए-चंद

यहाँ से दूर
बस्ती में तुम्हारी
कुछ
परेशानी के मारे लोग
तुमको याद कर
क़िस्मत को अपनी
रो रहे हैं
और
आँखों के लहू में
अपनी उम्मीदों की
कश्ती खे रहे हैं।

९३

हवस रा पाये दर दामन शिकस्त:
बि-उम्मीद-ए-तू चश्म अज़ ख़ीश बस्त:

यह हैं
वो बेकस
कि हर इक
आस जिनकी
सिर्फ़ तुम से ही
लगी है।

जिन्होंने
ख़्वाहिशों के
फैलते पैरों को
अपनी
तंग चादर में समेट
तुमसे
उम्मीदें लगा कर
अपनी आँखें
मूँद ली हैं।

९४

बि-शहर अज़ बेकसी सहरा नशीनां
बि-रू-ए-आतिश-ए-दिल जागुज़ीनां

यूँ
कहने को तो
वे सब
शहर में रहते हैं
लेकिन
बेकसी के मारे
अब
ख़ानाबदोशों जैसा
जीवन जी रहे हैं।

खा रहे हैं
दिल के ग़म
और
ख़ून दिल का
पी रहे हैं।

९५

मगर कां क़ौम रा दह्र आफ़रीदा
ज़े-सीमाब-ए-बर-आतिश आरमीदा

ऐसा लगता है
कि प्रकृति ने
उनको
ऐसे पारे से
घड़ा है

जो कि
अग्नि में पड़ा है।

९६

हमः दर ख़ाक-ओ-ख़ूँ अफ़गंदा-ए-तू
बि-हुक्म-ए-बेकसी हा बंदा-ए-तू

आज
उनका हाल
यह है

बेकसी के हाथों
हो मजबूर
वे सब
पूर्णतः
तुम पर हैं निर्भर

क्यों नहीं तुम सोचते
कि आज वे
क़िस्मत के मारे
ख़ाक में
और ख़ून में
सब हैं पड़े
कारण तुम्हारे।

९७

चु शमअ अज़ दाग़-ए-दिल आज़र फ़िशानां
बि-बज़्म-ए-अर्ज़-ए-दावा बि-ज़बानां

वे सभी
अपने दिलों के
दाग़ से
एक जलती
मोमबत्ती की तरह
लौ दे रहे हैं।

मुँह से अब
शिकवे-शिकायत
कुछ नहीं करते हैं
जो दिल पर
गुज़रती जा रही है
सह रहे हैं।

९८

९८

सर-ओ-सरमाया ग़ारत-करदा-ए-तू
ज़ि-तू नालां वले दर परदा-ए-तू

ऐसे
बेचारे हैं वे
जिनका सरोसामान
तुमने
अपने हाथों से लुटाया

उनसे
पोशीदा नहीं है
यह हक़ीक़त।

ख़ुश नहीं तुम से
मगर फिर भी
नहीं करते शिकायत।

९९

अज़ आनानत तग़ाफ़ुल ख़ुशनुमा नीस्त
ब-दाग़-ए-शां हवा-ए-गुल रवा नीस्त

उनसे
ग़फ़लत और
बेपरवाई का
व्यवहार ऐसा
क्या तुम्हें
देता है शोभा?

उनके
दिल हैं दाग़
तुम
फूलों की
चाहत में पड़े हो

यह रवैया
है उचित क्या?

१००

१००

तुरा ऐ बे-ख़बर कारीस्त दरपेश
बयाबाने-व-कोहसारीस्त दरपेश

बेख़बर इंसान
तुम, जिस काम से
निकले हो
वो क्यों भूल बैठे ?

अभी तो
मुश्किलें ही मुश्किलें हैं
रास्तों में
कई जंगल
कई पर्वत
कई दरिया मिलेंगे

गुज़र कर जिनसे
जाना है तुम्हें आगे।

१०१

चु सैलाबत शताबां मी तवां रफ्त
बयाबां-दर-बयाबां मी तवां रफ्त

राह की
कठिनाइयों का
सामना करते
और
उनको
झेलते-सहते हुए
बिलकुल न डरना।

एक के बाद एक
जंगल से
किसी
सैलाब के मानिन्द
तुमको है गुज़रना।

१०२

तुर अज़ अंदोह मजनूं बूद बायद
ख़राब-ए-कोह-ओ-हामूं बूद बायद

तुम्हें तो
ग़म से
पागल होके
अब तक
जंगलों
और पर्वतों में
फोड़ते फिरना था
अपना सिर।

इस समय
जो भी
तुम्हारा हाल है
ख़ुद जानते हो या
ख़ुदा ही जानता है फिर।

१०३

तन आसानी ब-ताराज-ए-बिला देह
चु बीनी रंज-ए-ख़ुद रा रू नुमा देह

सुनो!
आलस्य
और आराम को
सन्ताप
और चिन्ता के आगे
डाल दो
ताकि इन्हें
वो नष्ट कर दें।

फिर भी गर
मुश्किल नज़र आए
तो उसकी
मुँह दिखाई में
तुम
अपने आपको दे दो।

१०४

हवस रा सर बि-बालीन-ए-फ़ना नः
नफ़स रा अज़ दिल आतिश ज़ेरे पा नः

सौंप कर
मृत्यु को
अपनी
लालसा का सिर
बड़ी ही
भाव भक्ति से।

रखो बेचैन
अपना श्वास
केवल
मन की शक्ति से।

१०५

दिलज़ ताबे बला बिगुज़ाद–ओ–ख़ूं कुन
ज़ि–दानिश कार नकशायद जुनूँ कुन

दिल को अपने
मुश्किलों की
आँच पर
पिघला के तुम
लोहू बना दो।

व्यर्थ शंकाएँ
कभी
दिल में न लाओ।

विवेक
और बुद्धि से जब
कुछ काम न निकले
तो फिर
दीवाने बन जाओ।

१०६

नफ़स ताख़ुद फ़रौन-शीनद ज़ि पाए
दमे अज़ जामा-पैमाइ मया साए

दम में दम
जब तक है
बस चलते रहो।

एक पल भी
तुम कभी
थक कर न बैठो।

अपनी
मंज़िल की तरफ़
बढ़ते रहो।

चलते रहो
बस
अनवरत चलते रहो।

१०७

शरार आसा फ़ना आमादा बर ख़ेज़
बयफ़शां दामन-ओ-आज़ादा बर ख़ेज़

किसी
चिंगारी की मानिन्द
क्षण भर को
चमकने
और
मिटने के लिये
तैयार हो जाओ।

अपना दामन
झाड़ कर
आज़ाद हो जाओ।

१०८

ज़ि 'इल्ला' दम ज़न-ओ-तसलीम 'ला' शो
बिगो अल्लाह-ओ-वर्क़-ए-मासिवा शो

'ला'
के माने हैं 'नहीं'
और अर्थ है
'इल्ला' का 'किन्तु'
या 'अलावा'

ज़ोर से
सतनाम बोलो
और
अल्लाह
ईश्वर
परमेश्वर के
है अलावा जो
उसे कर दो स्वाहा।